RÉSUMÉ POPULAIRE

DE

L'HISTOIRE DE NUITS,

Par Joseph BARD,

De l'Académie de Dijon, de la Commission départementale des antiquités de la Côte-d'Or.

(Extrait de la *Revue du Lyonnais.*)

Prix : 20 cent.

A NUITS,

CHEZ M. GAGEY-ROY, LIBRAIRE.

—

1847.

RÉSUMÉ POPULAIRE

DE L'HISTOIRE DE NUITS.

I.

La petite cité de Nuits résume bien mieux que
Beaune la fortunée Bourgogne des vignobles ; son
atmosphère est plus essentiellement viticole ; la
fumée du bon vin y monte plus vivement à la
tête ; elle embrasse plus étroitement et avec plus
d'expansion ses merveilleux coteaux ; les intérêts,
les préoccupations de vignes et de cuvées y tien-
nent plus de place encore. L'exquise finesse de
ses vins lui inspire un légitime orgueil ; elle est, à
cet endroit, d'une rare susceptibilité.—Si sa plaine
est moins riche et moins pompeuse que celle de
Beaune, si elle n'a point la majestueuse am-
pleur, la fertilité fabuleuse, les grandes lignes
de celle qui s'étend au sud-est de cette ville, ses
collines sont infiniment plus pittoresques, plus
paysagées, plus rapides. Il y a entre Beaune et
la côte une zône plane , d'un développement

assez vaste, où murmure le ruisseau de l'Aigue : Nuits, au contraire, est presque immédiatement posé à l'ouverture d'une vallée digne des sites de la Grèce et à la naissance de ses poétiques coteaux, aux gracieux contours, mélangés de cerisaies, de groupes d'arbres, de rochers offrant une admirable couleur. — On a reproché aux montagnes qui abritent Nuits, leur tête chauve et nue; cette circonstance est, au contraire, l'occasion d'une beauté tout exceptionnelle. Rien de saisissant comme ce mélange d'énergique verdure et d'aridité. Et puis, quel incroyable ton offrent ces rocailles ! quelle harmonie, quelle tranquillité dans leur moelleuse teinte cendrée!

J'ai dit ailleurs : « La jolie ville de Nuits s'élève au centre de presque tous les grands souvenirs religieux, militaires, chevaleresques qui font la gloire de la Bourgogne, et au centre de tous ces renommés vignobles qui font sa prospérité et sa fortune. Soit du haut de la colline doucement mouvementée qui la protège, soit de la cime altière, nue, de ce *roi de Villars;* borne de sa vallée, les regards de ses pieux enfants planent sur Cîteaux. Ils embrassent à l'horizon les grisonnants contours de Fontaine-lès-Dijon, berceau de saint Bernard, la svelte aiguille de l'abbaye de Saint-Bénigne, à l'ombre de laquelle naquit Bossuet, la tour du palais des ducs, vieux et muet témoin des tournois et des fêtes de la cour de Bourgogne. Les restes chancelants du château de Vergy, couronnant une abrupte montagne ; ceux du prieuré de Saint-Vivant, couchés à mi-côte sur le versant méridional du mont ; cette autre montagne sainte de Villers-la-Faye, isolée comme une poype, dressée comme un autel pour recevoir son vieux et touchant sanctuaire au milieu de cette plaine de Chaux, semée de noyers qui ressemblent à des orangers, disposés exprès devant ce *sacrificatorium* naturel, enveloppée de souvenirs antiques et chrétiens ; la maison-forte des de Vienne, à Gilly, regardant l'ancien castel des moines de Citeaux ; le clos de Vougeot, Vosnes, cette capitale viticole de notre illustre province ; le vignoble princier de la Romanée-Conti, et tant d'autres dont les produits se montrent à la table des rois ; le village ducal d'Argilly, aux gras pâturages, aux vergers célèbres par l'excellence de leurs fruits ; ce vallon de Notre-Dame-de-la-Serrée, où la brise soupire si mélodieuse et si suave, où les effets de nature, de perspective et de lumière sont si ravissants, qu'emplit tant de mystère et de poésie : tout cela a sa place marquée dans le paysage déroulé autour de Nuits ; car si Vergy appartient géographiquement au canton de Gevrey-Chambertin, il n'en est pas moins partie morale de celui de Nuits. — Assise dans les conditions les plus favorables à la vivifiante insolation du matin, sur les bords d'un ruisseau qui sort de la vallée pour la rafraîchir, et en une espèce de bassin faiblement senti dans ses horizons, il semble qu'elle ait ainsi choisi sa couche, pour être en rapport immédiat avec l'aurore et pour puiser vers l'orient la sève et la couleur.

Une foule de grands et nobles villages lui font
cortège et s'identifient avec ses fêtes et ses tris-
tesses. Tout le sol fertile qui l'environne est cul-
tivé avec amour et se varie à l'infini, sous la double influence de la nature et de l'art. Du côté de
la plaine qui mène à la Saône, ce sont des mas-
ses d'arbres touffus, s'arrangeant sans confusion
autour des demeures rustiques, de longues et
hautes avenues de peupliers mêlant leur pâle verdure à la verdure ferme et foncée des noyers,
de molles et odorantes prairies encadrées dans
leurs haies d'aubépine, des châteaux semés çà et
là sur cette plage animée, les uns jeunes et pa-
rés selon le goût et la mode de nos jours, les
autres noircis par les révolutions ou le temps,
de solitaires bosquets et d'immenses zônes de forêts dont l'œil aime à sonder les mystérieuses
profondeurs, de faciles et gracieux mouvements
de terrains, sans lesquels toute riche et toute dif-
férenciée qu'elle est dans ses cultures, cette plaine
finirait par devenir monotone dans ses aspects;
des fermes isolées, des hameaux qui se tendent
les bras, tout un peuple de clochers grecs d'une
ineffable élégance; et tout cela groupé de la façon
la plus harmonieuse, soit pour l'ordonnance
générale des lignes, soit pour l'effet particulier
des profils. — Au couchant, c'est cette montagne
Saint-Pierre, épanouie et colorée à l'instar des
monts de la douce Italie, chargée de vignobles
jusqu'à la région plus austère où commence la
robe grise de ses rocailles, entrecoupée de ter-
tres, de rouges larrets, de murées, de pois

de fleurs naturels, de sinueux sentiers, de blanchissants abris tapissés de treilles, où le laborieux citadin vient respirer un air plus libre, plus vif, dans ses moments d'effusion et de loisirs, et d'où s'élance, brillante et fraîche, la délicieuse *villa* de Mme Ve Janniard. Un peu plus loin, enfin, s'ouvre entre deux collines, s'arrondissant pour lui donner passage, ce vallon parfumé où le murmure d'un ruisseau qui a reçu son nom des muses antiques ses amantes, la quiétude de l'atmosphère, la voix d'une cascade, le souvenir d'une touchante piété locale, une inouïe variété d'accidents, l'imprévu des sites, des traditions mystiques que le temps n'a pas effacées du cœur des Nuitons, un rare concert d'oiseaux, d'arbres et de grottes, ont mis toute cette sereine et calme poésie que nous nous sommes efforcé de faire revivre. »

La ville de Nuits est une véritable reine pour les vingt-huit communes rurales placées sous sa dépendance. Non-seulement elle est gracieuse, elle est douce, elle est polie, elle est intelligente et riche, mais elle réfléchit sur tout ce qui l'entoure sa grâce, son bon goût, son urbanité et son génie ; elle imprime à tous les lieux où s'exerce son influence, un mouvement particulier d'idées. Le canton de Nuits forme, à tous les points de vue, la plus belle fraction du territoire de la Côte-d'Or. Il a un esprit public, une allure, une magnificence, une vie, un caractère, une architecture ecclésiastique qui lui sont propres. Je voudrais que des bornes monumentales fissent ceinture au canton de Nuits, pour le distinguer de tous les autres, pour que l'étranger fût plus vivement ému en franchissant le seuil, le territoire sacré de cette *Mésopotamie viticole :* il mérite ce privilège, car il est bien évidemment le plus historique, le plus noble, le plus éclairé du département.

II.

Malgré l'absence de documents historiques certains, qui empêche que la dénomination actuelle de Nuits ne se soit formée du concours de la NVDIBIA de d'Anville, qui aurait occupé les terrains dits en Bolard, entre cette ville et Quincey, et du nom de ces courageux Nuycthons, compagnons des Burgundes dans la première irruption qu'ils firent dans les Gaules, j'aime mieux croire que Nuits doit son origine à ces énergiques enfants de la vieille Germanie, qui se mêlèrent aux Huns, pour fondre sur l'agonisant empire romain, que de la rattacher à une circonstance puérile. Courtépée donne à cette cité les noms de *Nutium, Nuctium, Urbs Nucenna, Nuciacum* (à nucibus), et en fait une ville dont le nom n'aurait d'autre cause que la présence d'un grand nombre de noyers dans ses alentours. M. Vienne, auteur d'un *Essai historique sur Nuits,* pèse tous ces divers radicaux, sans en admettre ni en offrir aucun, et se borne à ajouter que dans les plus anciens actes qu'il ait eus sous les yeux, le nom de cette commune n'est point latinisé. Il cite à l'appui de **cette assertion** un titre par lequel Humbert de Vergy, évêque de Paris, donne en MLX, à l'abbaye de Saint-Pierre de Flavigny, l'église de Saint-Julien de Nuits : *Ecclesiam sancti Juliani apud Nui.* L'étymologie actuelle de cette ville, telle que la présente Courtépée, ferait donc penser — je le répète — que l'existence d'une foule de noyers dans son périmètre avait déterminé la dénomination sous laquelle on la désigna dans la basse latinité du Moyen-Age, et motivé son baptême historique. Il est fort à croire que, dans les temps encore barbares où elle reçut un nom, il croissait plus de chênes et d'âpres ormeaux dans son territoire que de noyers. Avant les plantations de vignes qui ont envahi les environs de Nuits — et je m'en souviens à merveille, — la plaine de cette ville, au sud et au sud-est, était effectivement complantée de magnifiques noyers formant une belle et verdoyante enceinte à la gentille cité; mais ils dataient de cent ans au plus (1).

Quand l'origine d'une ville n'est point positivement du domaine de l'histoire, elle entre de droit dans celui de la poésie. Toutes les probabilités se réunissent pour faire penser que Nuits reçut son premier nom de l'antique *Vidubia* ou *Nudibia* du *Pagus Æduensis*; à cette dénomination, je

---

(1) Je sais bien que leurs ancêtres avaient été détruits par la gelée; mais ces ancêtres eux-mêmes pouvaient-ils remonter au temps où Nuits reçut son nom?

me plais à associer celle d'une colonie de Nuycthons, et je persiste dans mes tendances favorables à une double consécration historique du
nom de ma chère cité. L'existence d'une ville
romaine sise à un kilomètre du Nuits actuel n'est
pas plus douteuse que la station des fiers alliés
et compagnons des Burgundes sur ce territoire.
Cette ville antique s'élevait près du moulin *Chau-
dot,* dans les champs de Bolard. La découverte
d'un polyandre signalé par M. Henri Baudot, la
quantité énorme d'ustensiles, de médailles, d'ob-
jets de sculpture, de poterie et de verroterie gal-
lo-romaines, des fragments de marbre monumental recueillis sur cet emplacement, un petit
mulet antique en bronze, présumé *ex-voto*, un
couteau à sacrifices, décrits par M. Ernest Marey-
Monge, un cachet d'oculiste déterminé avec soin
par M. le docteur Duret : tout cela forme preuve
d'une valeur spécifique incontestable. La ville de
Nuits, de ce premier siège de son existence, re-
flua jusqu'au pied de ses amoureuses collines,
quand l'extension donnée à la culture de la vigne
eut changé ses relations avec le territoire.

Le passé historique le plus authentiquement
constaté de la ville de Nuits, nous la représente
à l'humble état *d'abergement* (hébergement). Ce
n'était encore qu'un village dépendant des do-
maines de la puissante maison de Vergy, lorsque
la belle Alix l'apporta en dot au duc de Bourgogne Eudes III, qui, en MCCXII, lui accorda des
privilèges signés de son chancelier, de son
sénéchal et de son connétable, et sa charte d'af-

franchissement. Ce prince la nomme son *aber-gement de Nuiz* (*abergementum de Nuiz*). Dans toutes les lettres-patentes écrites en latin, émanées des ducs de la première et de la seconde race, c'est toujours le même nom de Nui, Nuis ou Nuys. Ce ne fut guère qu'à la fin du dernier siècle que l'on convertit l'*y* en *i* et qu'on y ajouta un *t*. Toutefois, le nom latinisé de *Nuciacum* se voit fréquemment dans les titres de fondations pieuses, dans les lettres et mandements des évêques, dans les actes des notaires apostoliques, etc., à partir du XVIe siècle. Dès l'année MCCCLXXXV, Nuys est déjà appelé : *bonne ville fermée, ayant forteresse, foires, marchés*, etc. Le Moyen-Age agit ici en sens inverse de la période gallo-romaine. Le primitif noyau de la cité se cachait en partie dans le vallon et se groupait autour de deux églises, dont l'une (Saint-Symphorien) subsiste encore, et dont l'autre (la chapelle de Saint-Julien, bien plus ancienne que la première) a été détruite de fond en comble, en MDLXXVI, par ces *reîtres* que Jean Casimir, duc de Deux-Ponts, amenait pour auxiliaires aux protestants. Le poétique et rural berceau du Nuits du Moyen-Age n'est plus qu'un faubourg nommé *Nuits-Amont* (Nuits en amont), où le riche et harmonieux patois, les touchants et saints usages, les pieuses traditions, les mœurs patriarchales du pays de Bourgogne se conservent encore comme dans un réservoir. Le besoin de sécurité et de protection força les habitants de Nuits-Amont à se réfugier dans le château qui s'était bâti sur un espace intermédiaire entre le centre gallo-romain abandonné et le centre français du Moyen-Age, et voilà comment la ville actuelle est venue se grouper sur un sol neutre, entre les deux premiers éléments de son existence. Il résulte de cette circonstance que le siège actuel de Nuits semble avoir été choisi tout exprès pour que les deux passés de la petite cité vinssent se rallier à son présent. Mais les guerres incessantes et acharnées des temps moyens eurent un terme; la population citadine fut trop nombreuse pour son enceinte, elle voulut respirer, se mouvoir à l'aise, et *Nuits-Aval* (Nuits en aval), c'est-à-dire le faubourg de Quincey se forma près de l'antique *Nudibia*; puis les trois Nuits (Nuits-Amont, le Château, Nuits-Aval) se relièrent en un tout par des dépendances et de successives agglomérations. — Telle fut l'union des divers éléments nuitons. — Voyons maintenant, d'un coup-d'œil rapide, quelle fut l'existence politique, militaire, ecclésiastique et monumentale de la cité de Nuits; quels évènements remarquables elle traversa, entre l'époque de l'érection de sa commune et celle où elle n'est plus devenue que le chef-lieu du plus noble canton de l'arrondissement de Beaune en particulier, et du département de la Côte-d'Or en général, avec une population fixe d'environ trois mille quatre cents âmes.

III.

Nuits est située dans le *rognon* de la Bourgogne, pour employer une significative expression populaire, à **22** kil^es de Dijon et à **14** de Beaune, au **47**^e degré **10** de latitude et au **2**^e **28** de longitude, sur les rives du Muzin formé de l'union de deux ruisseaux, dont l'un prend sa source à l'Etang-Vergy et l'autre à Arcenant. Ses franchises communales octroyées par Eudes III, furent confirmées en MCCLXX par le duc Hugues III, qui étendit aux habitants de *Nuits-Amont,* privés de ces avantages, les privilèges concédés à ceux de la cité; — ainsi ce prince concourut pour sa part à l'œuvre de l'unité nuitonne. La jouissance en commun du bois de Charmois fut la conséquence de cet acte de justice, et tous les enfants d'une même patrie, désormais égaux en droits, se considérèrent comme frères. Le duc Robert, par lettres closes données à Argilly sous son petit scel, leur permit de mettre en défense ce bois de Charmois, et d'y établir des gardes. C'est l'origine du droit de haute et basse justice exercée directement d'abord, puis indirectement, et du titre de seigneurs de Charmois pris par les échevins nuitons, représentant les citoyens dans leurs actes publics. Le premier échevin de Nuits fut Jehan Legoux. — L'indépendance communale nuitonne fut consacrée ensuite par Louis XII en MCCCCLXXXXVII, par François Ier en MDXX, par Henri IV en MDLXXXXV. Philippe-le-Bon avait accordé la faculté d'élire six échevins à la Saint-Jean, ainsi que la police dont l'exercice était soumis au prévôt et au bailli ducal. Dès l'année MCCCCXX, ils avaient été autorisés à se choisir un procureur, *pour requérir et défendre leurs biens, lequel devait être reçu au jugement comme les procureurs-syndics de Dijon et de Beaune.* Agnès de France, douairière, et Eudes IV, son fils, défendirent aux prévôts de lever aucune amende contre les habitants. Philippe-le-Hardi exempta la cité de Nuits de la garde du royaume, moyennant une prestation de cent florins. — Les largesses des ducs envers la ville de Nuits n'étaient point allées jusqu'à libérer les citoyens Nuitons de la dîme, du cens, de la redevance de 15 sols par feu et autres droits qu'ils faisaient percevoir par leurs officiers; mais ils disposaient de la majeure partie de ces redevances en faveur des hospices, des couvents, des églises. La collégiale de Saint-Denis de Vergy jouissait, par concession d'Alix de Vergy, de cent sols dijonnais à prélever annuellement sur ses droits d'étalage aux halles de Nuits, le Lieu-Dieu, du four banal et du moulin qui étaient propriétés ducales. Eudes VI, fondateur de la chartreuse de Fontenay-lès-Beaune, donna à cette communauté son droit d'éminage sur les grains vendus aux marchés de Nuits, sa dîme sur une portion des vignes du finage et un hôtel situé près de la chapelle des Croisés. Le chapitre de Saint-Denis de Vergy et le prieuré de Saint-Vivant avaient une large part à ce butin de redevances. Tout cela était matière à procès interminables, où presque toujours le petit succombait dans sa lutte contre le puissant. Quelques-uns de ces droits furent rachetés par la ville.

Le prévôt et les autres officiers de justice que

les ducs avaient à Nuits étaient souvent fort durs avec les habitants : ce fut précisément pour les protéger contre ces exactions et ces violences que la fille de saint Louis, Agnès, duchesse de Bourgogne, interposa son autorité.

Les Bretons et les *grandes compagnies*, les maladies épidémiques, d'effroyables tempêtes, tous les fléaux du Moyen-Age désolèrent la ville de Nuits. Le roi Jean lui permit, en MCCCLXII, de se fortifier par des remparts flanqués de grosses tours et de doubles fossés. Henri de Bar, gouverneur de la duché, adressa les lettres-patentes à Hugues Aubriot, grand-bailli du Dijonnais, qui autorisa immédiatement la ville à entreprendre les travaux, en se conformant aux plans, avis et conseils de Jehan de Villers, châtelain de Vergy. Cette enceinte, de forme elliptique, était celle de toutes les villes du Moyen-Age; deux tours carrées, l'une au midi appelée porte de Beaune, l'autre au nord appelée porte de Dijon, fort semblables à la porte dite de France de la ville d'Auxonne, formaient ses issues. La tour du nord était couronnée d'une lanterne où était placée la cloche de l'horloge publique, qu'on sonnait aussi en cas de sinistre. — Ce fut alors que Nuits mérita et justifia pleinement ce nom *de bonne ville fermée*, que nous avons rappelé. Jean-sans-Peur assujétit les forains propriétaires à Nuits à contribuer, au marc le franc de leurs revenus, à l'entretien de ces fortifications. Le parlement de Beaune condamna aussi les religieuses du Lieu-Dieu à concourir aux frais de guet et de garde, et à verser quelque argent. On voit encore les habitants de Nuits prélever, par concession ducale, un denier par salignon (pinte) de sel vendu dans le grenier du prince, en cette ville, dans le même but. Fort endommagées par Jean-Casimir, duc de Deux-Ponts, réparées sous Henri III et Henri IV, mais délaissées sous Louis XIV depuis la conquête de la Franche-Comté, les fortifications nuitonnes tombèrent en ruines, et la ville vendit à son profit leur emplacement à des particuliers qui y ont élevé des maisons généralement commodes; il n'est resté debout que quelques tours. Il est facile de suivre la ligne de circonvallation que décrivait cette enceinte, en parcourant l'espace qui a conservé le nom de fossé.

Philippe-le-Bon donna à la ville de Nuits des marques d'affection et augmenta ses privilèges. Ce prince, se rendant de Beaune à Dijon, à son retour de Savoie, en MCCCXXII, fut fêté par les habitants et dîna au milieu d'eux. Cette cité vit avec peine s'éteindre la nationalité bourguignonne dans la personne de ses ducs de la deuxième race qui avaient régné 114 ans sur notre contrée. Elle demeura fidèle tant qu'elle put à Marie de Bourgogne; mais force lui fut de subir le joug de Louis XI, qui la donna comme seigneurie à Pierre Doriolle, chancelier de France. Toutefois, il avait concédé aux habitants le droit d'usage dans ses forêts d'Argilly, et les avait exemptés du logement des gens de guerre. La liste des petits avantages faits à la ville par les autres souverains serait longue; je trouve la perception des droits de *rouaiges* et d'*entraiges* accordée par Charles VIII.

François Ier et sa cour eurent à Nuits, le 29 décembre 1533, une pompeuse réception. Sous ce souverain et son successeur, la ville n'en fut pas moins horriblement foulée, vexée et violentée par les soldats qui y passèrent et y séjournèrent sans cesse. Toutes ces charges la réduisirent à la triste nécessité d'un emprunt. Un procès-verbal de 1543, dressé par Pierre Janniard l'aîné, lieutenant du bailli au siège de Nuits, et une requête adressée par les Nuitons aux élus de la province, en 1557, constatent l'état calamiteux où se trouva le pays. Pour la remettre de son épuisement, un nouveau fléau vint fondre sur elle. Jean-Casimir, dont nous avons déjà parlé, duc de Deux-Ponts, amenant un renfort de 13,000 Allemands à l'amiral de Coligny, qui venait de perdre la bataille de Jarnac, s'arrêta devant Nuits en avril 1569, pilla la ville et brûla les faubourgs, pendant que le duc d'Aumale se reposait à Cîteaux, comme Annibal à Capoue. Sept ans après, le même prince tudesque, revenant avec 25,000 reîtres (de *reiter*, cavaliers), au secours des calvinistes, mit encore le siège devant Nuits, qu'il battit en brèche et somma trois fois de se rendre. Malgré l'héroïque courage de nos pères, aidés des Nuitonnes qui renouvelèrent les scènes de l'énergie féminine antique, les assiégés qui avaient souffert deux assauts, sentant leurs forces défaillir, se décidèrent à capituler le 21 janvier 1576. Mais, au mépris des articles formels de la convention, Jean-Casimir abandonna la place à la brutalité de la soldatesque qui dévasta la ville, la livra à l'incendie et massacra plus de cent cinquante citoyens. Ces malheureux s'étaient réfugiés tant dans la chapelle des Croisés, aujourd'hui détruite, que dans un four banal nommé le *Grand-Four,* qui n'existe plus depuis peu de temps. Là, ils furent assommés par les soldats furieux. Après cette boucherie, on retira les cadavres à l'aide de fourches de fer nommées *bigots.* — Depuis lors, on célébra tous les ans, dans la chapelle des Croisés, une messe de *requiem.* Cet usage touchant s'est maintenu jusqu'en 1789. M. l'abbé Garreaux, mort curé de Nuits, a dit la dernière de ces messes qu'on appelait *Messe des bigotés.* — Je ne sais jusqu'à quel point on doit admettre ou rejeter les traditions suivantes. On assure qu'un citoyen de Nuits ayant insulté le prince allemand, en lui criant : *Casse-mie, casse-croûte, casse-neuzilles* (noisettes), fut la cause de la violation de la capitulation. Il me paraît bien difficile qu'un Allemand ait été assez familier avec la langue et les dictons populaires du pays pour avoir compris la signification de ces paroles, qui n'ont d'ailleurs pas grand sens. Il ne resta que deux maisons intactes, ce furent celles de Philibert Legoux et de Guillaume Desbarres, lieutenant civil. On assure que 367 coups de canon furent tirés. Henri III vint au secours de cette cité ruinée ; il l'exempta de tailles et impositions royales, et lui accorda 20 arpents de bois à prendre dans ses forêts d'Argilly. Hugues Sambin, *architecteur* de Dijon, maître de l'œuvre de Saint-Michel de cette ville, fut appelé par le corps de ville pour diriger la reconstruction des fortifications.

A l'époque où les villes s'occupèrent de rédiger leurs cahiers pour les Etats-Généraux du royaume, qui devaient être convoqués en 1589, celle de Nuits se distingua par la sagesse de ses demandes.

Nuits suivit l'exemple de la plupart des villes de Bourgogne, s'enchaîna au parti des princes de la maison de Lorraine, et ne se soumit que tardivement à l'obéissance d'Henri IV, grâce aux fermes résolutions de son maire Lancelot Juliot. Le maréchal de Biron se présenta le 23 mai 1595 devant les portes de Nuits, et fit sommer les habitants de se rendre. Les portes lui furent ouvertes après quelques heures de négociations. Il ne leur imposa d'autre taxe onéreuse que celle de payer cent écus d'or au trompette pour son droit de sommation; il réduisit même cette somme à celle de cinquante écus, sur la réclamation des citoyens, par l'organe de Me Marchant, leur syndic, qui exposa au maréchal que la rébellion des Nuitons était due au capitaine Nicolas, qui les tenait en *subjection,* et il fut décidé que les cinquante *escus seroient prins sur la vente du vin dudit capitaine Nicolas.* — Les pièces authentiques existent aux archives communales.

Les habitants de Nuits présentèrent à M. de Biron, gouverneur de Bourgogne, une requête contre l'exercice de la religion réformée, que les efforts de quelques sectaires voulaient faire

triompher. Le gouverneur rendit une ordonnance le 13 avril 1600, par laquelle il statua,
avant de faire droit, que les citoyens justifie-
raient de la capitulation, en marge de laquelle
sont les articles accordés. — Cette capitulation,
datée de Dijon le 15 juin 1595, existe encore;
elle est signée HENRY. — La religion réformée
était si peu goûtée des Nuitons, qu'ils s'étaient
battus contre elle en déterminés ligueurs, et
qu'ils avaient fait de la conservation de leur culte
un article spécial de la capitulation.

Une fausse interprétation d'un texte obscur a
seule pu faire croire un instant que les échevins
de Nuits, pour faire leur cour à Henri IV, lui
auraient proposé l'adoption officielle du protes-
tantisme, ce qui eût expliqué l'inexplicable so-
briquet de *juifs,* donné jadis aux Nuitons.

La ville de Nuits fut assez mal menée, en 1636,
par les Suédois du duc de Weimar. Après cela,
elle respira, elle put se livrer à l'aise à l'industrie; mais les inondations et les maladies conta-
gieuses sévirent encore dans son sein. Louis XIII
avait couché à Nuits en 1630; en 1636 elle fut
visitée par Christine de Suède, et Louis XIV s'y
arrêta en 1658. D'autres princes et princesses encore la traversèrent; mais ces faits offrent si peu
d'intérêt, que je crois inutile de les enregistrer.

Mandrin, le fameux flibustier, fut attendu
à Nuits. Les Nuitons étaient disposés à faire
bonne contenance; mais, heureusement pour la
caisse communale, il n'y vint pas. — Cette cité vit

avec plaisir la révolution de 1789 promettre à
la France des institutions en rapport avec le
progrès des temps ; elle en suivit le cours avec
cet esprit de modération , d'intelligence et de
sagesse qui la caractérise. Napoléon qui, devenu empereur des Français , dota la ville d'une
quatrième foire et d'un tribunal de commerce,
n'étant encore, en 1790 et 1791, que simple lieutenant d'artillerie au régiment de La Fère, quitta
souvent Auxonne, où il était en garnison, pour
venir à Nuits avec son capitaine, M. Gassendi,
mort lieutenant-général et pair de France : il y
remarqua l'esprit fin, la constante amabilité
d'une femme de beaucoup de cœur et d'esprit,
feue madame Marey-Bureau. — Dans les premiers
jours de mars 1796, une chaise de poste s'arrêta
devant le café Robin ; c'était celle de Bonaparte
partant pour l'Italie, en qualité de général en
chef. Le général Bonaparte et son état-major y
déjeunèrent. Cette circonstance fait regarder le
café de M. Dominique Robin comme le café historique du pays. Il s'appela successivement café
impérial, puis café royal ; enfin, en 1830, il a
pris le nom de son propriétaire pour n'en plus
changer.

III.

Nuits, à l'époque où s'opéra la révolution de
1789, faisait partie du diocèse d'Autun ; il était le

siège d'un bailliage , dont le ressort embrassait cinquante villages et jusqu'aux portes de Verdun-sur-le-Doubs. — Il semble qu'en s'étendant jusqu'à Villy-le-Moutier, dans le pays bas, à 16 ou 17 kilomètres du chef-lieu, la circonscription du canton de Nuits actuel ait voulu rester comme la représentation de l'ancien territoire bailliager. Son administration municipale était composée d'un maire, de quatre échevins, d'un procureur du roi syndic et d'un greffier. Elle possédait un grenier à sel, une collégiale composée d'un doyen et de seize chanoines, une paroisse desservie par un curé et huit prêtres mépartistes, un hospice, une chapelle, deux communautés. Depuis 1774, elle n'avait plus de gouverneurs particuliers ; une Société de l'arquebuse s'y était formée à la grande joie des bourgeois de la ville ; elle avait acquis une certaine célébrité par la bonne tenue, l'esprit de concorde et l'adresse de ses chevaliers , et parut avec éclat au grand prix de Beaune , en 1778. — Le gouvernement représentatif est ancien en Bourgogne. Cette province avait le droit de régler son administration et la répartition de ses impôts. L'assemblée des Etats se tenait tous les trois ans à Dijon. La ville de Nuits y était représentée par trois députés ; elle était la troisième, immédiatement après Autun et Beaune, qui nommait un élu du tiers, et la cinquième qui députait aux Etats-Généraux. En 1687, il y eut procès entre les villes de Chalon-sur-Saône et de Nuits, à l'occasion de la préséance

de leurs députés, ceux de Chalon ayant mani-
festé la préfention de voter avant les députés de
Nuits. Malgré le plaidoyer de Bernard Durand
contre Nuits, qu'il traite de bicoque, cette ville
conserva son privilège basé sur l'ancienneté plus
grande de l'érection de sa commune.

La maison-de-ville, située au cœur de la cité,
et qui n'a été abandonnée par la mairie qu'en
1834, était un petit monument commencé en
1618. Il est couronné d'une tour carrée fort élégante, que surmonte une lanterne où fut trans-
portée l'horloge publique de la porte de Dijon. La
halle, très-analogue à celles de Nolay et Chagny,
occupe l'espace intermédiaire entre cette maison-
de-ville et le bâtiment du bailliage. L'ancien au-
ditoire ayant été brûlé, fut remplacé dans le
XVIIe siècle par l'édifice que nous voyons aujour-
d'hui. Ces trois monuments vont disparaître, par
suite de l'établissement du nouvel hôtel-de-ville
dans une des plus belles demeures de la cité, et
le projet de percement d'une rue qui contribuera
singulièrement à l'embellissement de la ville. Un
lieutenant civil et criminel, un conseiller, un procureur du roi, un greffier formaient le bailliage
nuiton. Le premier lieutenant, dont le nom se soit
conservé, fut Guillaume de Berbisey. La suppres-
sion de ce tribunal porta un coup funeste à la
ville de Nuits. La création d'une justice de paix
ne put être considérée comme une compensation
sérieuse à cette perte. Elle fit de vains efforts
auprès de l'Assemblée nationale, pour obtenir

qu'un tribunal de district remplaçât celui que les décrets lui enlevaient par suite d'une mesure générale.

L'église de Notre-Dame est fort ancienne; dévastée par les féroces soldats de Jean-Casimir, elle se releva par le zèle des habitants. Après la destruction, sous Henri IV, du château de Vergy, les chanoines de Saint-Denis, dont la collégiale touchait aux murs du château, traitèrent avec la ville de Nuits pour leur établissement dans son exercice. Les chanoines de Vergy apportèrent à l'église Notre-Dame leur patron, leurs souvenirs, leur liturgie, leur trésor, et entr'autres ce magnifique reliquaire de vermeil, don de la duchesse Alix, représentant le château de Vergy avec ses tours et ses fortifications, précieux objet d'art qui, vendu plus tard, conformément aux décrets de la Convention nationale, passa probablement au creuset. On avait cru un instant le retrouver à Poligny ou à Arbois, entre les mains d'un amateur; mais c'était une illusion. La translation du chapitre se fit dans le mois de décembre 1609, et la chapelle de Notre-Dame fut placée sous l'invocation de Saint-Denis. Ce monument, agrandi et restauré à diverses époques, n'a conservé de trace apparente de son antiquité que dans le mur de la nef au midi. C'est sous la Restauration qu'une administration municipale absurde se plut à démanteler cette église. Sous le prétexte futile qu'il n'était pas solide, on détruisit, sans avoir même assez de fonds en caisse pour finir l'œuvre de visigothisme, d'abord le clocher, qui n'avait été bâti qu'en **1618** et ressemblait exactement à celui de Corgengoux, et, par suite de cette démolition, toute la façade qu'il couronnait et son admirable porte ogivale, d'un style si ferme, où l'on voyait, avant **1790**, le blason des de Vergy, de gueules à trois quintesfeuilles d'or ; puis on dépeça le merveilleux plafond de bois sculpté en compartiments à caissons, posé en **1652**. Ces précieux débris allèrent peupler des guinguettes et des chantiers, pendant que les musées les réclament encore. La chute du clocher entraîna celle de la plus belle sonnerie, du plus harmonieux carillon de la Bourgogne. Les cloches qui la formaient et qui, refondues, ne représentent plus celles descendues de Vergy, ont été entassées dans le clocher de Saint-Symphorien, où elles ne peuvent se mouvoir faute de place. C'était dans ce temple que les échevins faisaient chanter les *Te Deum* et célébrer les services officiels. Elle était, à proprement parler, l'église communale, comme celle de Saint-Nizier, à Lyon. Les habitants avaient le droit d'y tenir leurs assemblées générales. Une pièce placée sous le clocher servait et avait servi jusqu'à la démolition de l'édicule au dépôt des actes notariés. — Depuis la révolution de **1830**, ce temple a été tant bien que mal recousu pour être rendu au culte ; sa façade a été ravitaillée et percée d'une porte cochère ; mais il est toujours acéphale, et n'a pour clocher qu'une mauvaise guillotine de bois portant l'ancienne petite cloche qui, de l'ermitage Saint-Pierre, avait passé à une lucarne du clocher de Saint-Symphorien. — N'est-il pas déplorable de voir l'église de Saint-Denis demeurer ainsi dans l'état de dépouillement où l'a mise le crétinisme, quand un simple village comme Perrigny-lès-Dijon se bâtit un clocher monumental? La chute du clocher de Saint-Denis fait un vide affreux dans l'horizon de Nuits. L'église de Saint-Denis est co-paroissiale. Le personnel du chapitre de Saint-Denis, avant 1790, se composait d'un doyen et de seize chanoines. Le doyen obtint des États la préséance sur ceux de Saulieu et d'Avallon.

La basilique consacrée à Saint-Symphorien, martyr d'Autun, à l'extrémité de Nuits-Amont, enveloppée de paix, de quiétude et de silence, comme celles de Rome, est un édifice de l'ère transitionnelle du type romano-byzantin. J'en ai dressé la monographie dans la *Statistique générale des Basiliques*. Ce temple bâti avec la régularité, l'énergie étrusques, offre une admirable couleur de vieil ivoire et de marbre de Paros, surtout au levant. Je ne connais pas d'église qui soit plus en harmonie avec le paysage qui l'entoure ; je n'en connais pas non plus qui, à l'intérieur, offre des proportions aussi heureuses et pleinement favorables à l'acoustique. On remarque au dedans la merveilleuse cage d'escalier en bois sculpté et évidé à jour, qui mène à l'orgue, ouvrage délicieux qu'il serait bien temps de dé-

pouiller par un lavage, de la couche de badigeon
gris, à la colle, qui en empâte les profils ; et à la
façade apsidaire, au-dehors, le charmant appa-
reil de trois fenêtres accolées à colonnettes, autrefois munies de verrières peintes, aujourd'hui
bouchées, dont deux arcs ont la courbe faiblement ogivale, tandis que celui du milieu donne
le plein-cintre. — Il faudrait rendre à cette arca-
ture sa première disposition, la réouvrir et y
produire le luxe des verrières peintes. Je signa-
lerai aussi le maître-autel, encore orné de ces
parements liturgiques de soie, qu'il faut bien se
garder de remplacer par un autel de marbre.
L'ancienne sonnerie de ce temple se compose de
trois cloches mineures d'un volume remarquable. Cette sonnerie est, avec celle de Savigny-
sous-Beaune, la plus grave de la Côte-d'Or. Il faut
l'entendre, répétée et répercutée par les échos de
la vallée, les jours où la religion convie ses enfants dans l'arche sainte, se promenant d'arbre
en arbre sur cette poétique rangée de noyers qui,
à travers la *Fin-Blanche*, sert d'avenue au vieux
temple. — C'est de la *Fin-Blanche*, de ce chemin ombragé et pittoresque qu'enveloppent tant
de saintes harmonies, qu'il convient de voir l'ap-
side à la robe d'or de la basilique de Saint-Symphorien, et ce clocher sévère si servilement imité
dans celui de Gevrey-Chambertin (1).

(1) Le clocher de Gevrey-Chambertin est un peu plus

La basilique de Saint-Symphorien est assise au milieu des tombeaux. Plusieurs des monuments funèbres qui l'entourent sont remarquables par leur somptuosité. Une foule de personnes dignes de mémoire reposent dans ce cimetière : je citerai MM. Marey, MM. Gillotte-Gros et Gillotte-Robert, le lieutenant-général Cte Gassendi, Thomas Forey, mort maire de Nuits et membre du Conseil général, Adrien - Fortuné Janniard, si connu par la générosité de sa vie, et une femme qui a fait beaucoup de bien, Marie Robert, veuve de Gillotte - Robert, laquelle repose sous une tombe où on lit cette simple épitaphe :

ICI · REPOSENT · AVEC · LEVRS · ANCETRES
IOSEPH · GILLOTTE · ET · MARIE · ROBERT
SON · EPOVSE

Arrêtez-vous avec respect devant cette vieille tombe moussue, en forme de croix, entourée de quatre tombelles offrant la même figure. Là gît toute une famille, enlevée non par la peste, qui n'éclata qu'en 1635 (comme le dit M. Vienne), mais par le poison, selon une tradition constante : c'est celle de Jehan Dargilly. Le millésime porte 1617.

jeune que celui de Nuits, dont il ne diffère que par la courbe ogivale de ses baies.

La chapelle des Croisés, dont il ne reste que quelques traces et une inscription dans le jardin attenant à la maison de M. Félix Hutteau, ancien notaire, Grande-Rue-Saint-Denis, fondée au temps des croisades, avait été rebâtie en 1430. Desservie d'abord par des clercs, membres de l'ordre des frères hospitaliers de Saint-Jean-de-Jérusalem, elle avait été réunie ensuite à la commanderie de Dijon. La chapelle de l'ermitage Saint-Pierre, au-dessus de la montagne, n'existe plus depuis long-temps. Quant à l'oratoire de Notre-Dame-de-la-Serrée, situé dans la délicieuse vallée de Nuits, vis-à-vis de la plus ancienne papetterie établie sur le Muzin, but d'une dévotion populaire et à laquelle on accédait par une centaine de degrés, il existe encore à l'état de ruine. On se propose, dit-on, de le rétablir. La destruction de cet oratoire a influé sur la fête qui se célébrait et se célèbre dans ce vallon le lundi de Pâques de chaque année : cette fête a perdu son antique éclat.

Le primitif hôpital de Nuits, connu sous le nom d'hospice de Saint-Laurent, était plutôt un gîte pour les pauvres voyageurs et les passants infirmes, qu'un hospice tombant en ruines, lorsque les capucins obtinrent, en 1633, la permission de s'y établir et d'y fonder une maison de leur ordre. — Près de ce couvent était l'oratoire de Belle-Croix, établi par la dévotion de quelques habitants. Tous ces bâtiments font maintenant partie de la magnifique propriété de Mme veuve Janniard ; son regrettable époux, devenu acquéreur de l'oratoire de Belle-Croix, l'avait converti en chapelle domestique.

Les Ursulines obtinrent aussi, en 1634, l'autorisation de se fixer à Nuits. — Il nous reste à dire deux mots de l'hôpital actuel, qui commença dans une petite maison achetée dans la rue de Quincey, de la veuve de Pierre Jolyot. Cet asyle de charité fut placé, comme l'ancien hôpital, sous le patronage de saint Laurent ; successivement agrandi, et tout récemment encore, par l'adjonction d'une salle, il est aujourd'hui fort important. Ses principaux bienfaiteurs furent Louis XIV qui le mit, par édit, en possession des chapelle, bâtiments, biens-fonds, crûs, etc., de plusieurs léproseries ou maladières, entr'autres de celle de Nuits, et lui assigna une rente annuelle de 300 livres ; Bernard Cirey, Chrétien Tribollet, les Comeau, les Magnien, les Cortois de Quincey, Alix de Vaudrey, le président Bouhier de Versalieux, les Marey et les Ligeret. Cet hospice, tenu avec un soin fabuleux, orné avec luxe, est un véritable monument ; les augmentations monumentales qu'il a reçues font honneur au bon goût de M. Paul Petit, qui fut l'architecte, et de feu M. Adrien-Fortuné Janniard, qui fut l'ordonnateur des travaux. L'ensemble de ces constructions couvertes de tuiles brunes vernissées, qui fait resplendir le soleil nuiton, offre la forme d'une croix en *tau*. Il est desservi par des sœurs hospitalières de l'institut du Grand-Hôtel-Dieu de Beaune, maison-mère de cette colonie.

La ville de Nuits fut, dans le dernier siècle surtout, désolée par les inondations : celles de 1747 et de 1757 furent d'affreuses calamités. Le Muzin qui, malgré son poétique nom, a quelquefois, à la suite de grandes pluies, toute la fougue des torrents, ne murmurait plus dans son lit d'or ; il mugissait, il bondissait, il vomissait ses flots terreux sur les hommes et les habitations. Le sinistre fut horrible en 1757. L'eau arriva jusqu'à la hauteur du poisson commémoratif sculpté à l'angle d'une maison de la place nommée Fleury, à cause de l'intendant de ce nom, sous l'administration de qui elle avait été élargie. Ce fut pendant ces douloureuses circonstances que M. Claude Marey, aïeul de MM. Marey-Gassendi et Félix Marey, se distingua par ses largesses et sa générosité ; il nourrit pendant sept à huit jours tous les pauvres de la ville. C'est là le véritable titre de noblesse de cette famille honorable et honorée de la ville de Nuits. Pour rendre impossible le retour de ces funestes inondations, la ville opposa, par des murs solidement et élégamment bâtis, une digue aux eaux : le lit du ruisseau fut approfondi et encaissé. Pour obvier aux dépenses suscitées par ces réparations, la ville vendit le bois de Charmois qui lui appartenait par une ancienne concession. Ces travaux n'empêchèrent pas qu'en 1793 un habitant de Villars-Fontaine n'arrivât à Nuits, annonçant gravement qu'une effrayante crue d'eau allait inonder la ville. — Le paysan passa pour fou, et on le jeta en prison. Mais le torrent vint effectivement fondre sur la petite cité, et le prisonnier délivré fut reconduit en triomphe jusque dans son gracieux et pittoresque village.

Le nom du populaire Sully, ministre du populaire Henri IV, reçut à Nuits, comme dans beaucoup d'autres villes, une sorte de consécration. Il existe sur le cimetière de Saint-Symphorien, et il exista long-temps sur la petite place qui portait son nom, devant le nouvel hôtel-de-ville, un de ces arbres nommés *Sully*. — J'ai lu quelque part que Nuits avait vu fleurir autrefois la coutellerie dans son sein, et que sa trempe valait celles de Langres et de Vienne en Dauphiné. — Les Romains n'auraient-ils pas eu autrefois une fabrique d'armes sur l'emplacement antique que nous avons signalé ?

La ville de Nuits porte bandé d'or et d'azur, de six pièces, qui est de Bourgogne ancien, au chef de gueules, chargé de trois quintes-feuilles d'or, qui est de Vergy, à la divise d'argent. Le corps de ville était dans l'usage d'offrir aux princes, aux princesses et aux gouverneurs de la province qui passaient ou séjournaient à Nuits, ce qu'on nommait le *vin d'honneur*. On a conservé encore l'enveloppe des vases d'argent dans lesquels il était contenu. La réputation des vins de Nuits (les Saint-Georges, les Vaucrains, etc.) est trop bien établie pour que j'aie besoin ici de parler de leur exquise finesse. Ce fut Fagon, médecin de Louis XIV, qui, en conseillant à son royal malade l'usage du vin de Nuits, lui donna cette légitime renommée dont il jouit ;

aussi est-ce par gratitude qu'on a donné son nom à une rue de la cité. Il paraîtrait qu'autrefois ceux de Savigny-sous-Beaune passaient pour bien plus distingués que les vins de Nuits; car il existe dit-on, quelque part, une requête par laquelle les habitants de ce village se plaignent de ce que ceux de Nuits vendent leur vin comme provenant des crûs de Savigny. — La pièce est curieuse. — Je conseille aux habitants de Savigny, maintenant, de tâcher de vendre pour vins de Nuits les vins recueillis sur leur territoire, et leur fortune sera bientôt faite.

La présence du chapitre avait motivé à Nuits un genre d'industrie qui ne s'y est pas représenté, et peut-être aussi l'établissement d'une papetterie dans le vallon de la Serrée; je veux parler de l'imprimerie. Jehan Lemal et Simon Migneret furent imprimeurs à Nuits. La librairie d'Antoine Chisseret paraît avoir été assez importante : il fut l'éditeur du *Formulaire de prières dressées par les RR. Mères Ursulines pour la première communion de leurs écolières.* (Imprimé par permission de M. le Grand-Vicaire. — Permis d'imprimer. — A Nuits, ce 1er octobre 1745. — Signé Pourcher.)

Prosper Jolyot de Crébillon était originaire de Nuits, et descendait de ce Pierre Jolyot, dont la veuve vendit à la ville sa maison pour former le premier noyau du nouvel hôpital Saint-Laurent de Nuits; mais il était réellement né et fut baptisé sur la paroisse Saint-Philibert de Dijon. Parmi les Nuitons dignes de mémoire, citons Jehan Despringles, mort doyen des avocats, successivement greffier en chef de la prévôté de Nuits, et procureur général de la Chambre des comptes de Bourgogne, frère ou parent de cette chrétienne Despringles qui, concurremment avec son mari, donna à l'église de Saint-Symphorien ce beau tryptique où on lit encore l'inscription :

AV · NOM · DE · DIEV
ET · DE · SAINCT · SĪPHORIEN · AMEN
IACQVES · MAISSOT
LIEVTENANT · DES · GARDES · DV · ROY
EN · SA · TERRE . D̄ARGILLY
ET · DMLLE · CHRESTIENNE · DES · PRINGLES
SA · FEMME
ONT · FAICT · FAIRE · LE · PRESENT · TABLEAV
ESTANT · BASTONNIER · MDIX
PRIES · DIEV · POVR · EVLX

Citons encore N. Hornot, auteur de l'*Abrégé chronologique de l'Histoire universelle;* Louis-François Micault, religieux capucin, auteur de plusieurs écrits; Claude Burette, musicien, médecin et auteur de plusieurs Mémoires académiques; Jean Sarrazin, comédien du Roi; Antoine Broin, religieux de la Trappe, mort en odeur de sainteté; François Thurot, surtout, capitaine, célèbre marin, qui fut le Jean Bart de la Bourgogne, et dont on voit un portrait au pastel à la maison-commune; Claude Marey; Laurent Morelet, doyen de Nuits, prédicateur de la Reine, n'était point

Nuiton, mais passa à Nuits la plus longue période de sa vie. Il faut aussi compter parmi les Nuitons dignes de mémoire MM. Joseph Gillotte-Robert et Charles Gillotte-Gros ; ce dernier mort maire de la ville de Nuits, qui lui doit la plupart de ses embellissements et le rétablissement de l'ordre dans les finances et l'administration de son hospice. Deux autres notabilités qui n'étaient point nuitonnes par leur berceau, mais qui l'étaient devenues par leurs affections, leur existence, leurs alliances, ne doivent pas être passées sous silence. Je veux parler de M. le comte Gassendi, lieutenant-général, pair de France, décédé à Nuits en 1828, et de M. Thomas Forey, ravi si tragiquement à sa famille, en 1837. Comme les deux Gillotte, frères jumeaux, et dont l'heureuse influence à Nuits fut si générale et si bien méritée, M. Adrien-Fortuné Janniard, mort en 1846, a le droit d'être compté parmi les citoyens dont le nom doit être consacré par l'histoire, quoique tous trois ils n'aient été ni nobles, ni titrés, ni écrivains; mais ils rendirent d'immenses services à leur pays, et cela suffit pour leur gloire et l'exemple de leur famille. Parmi nos contemporains, n'oublions pas Jean-Baptiste-Paul Cabet, sculpteur, âgé aujourd'hui de trente-trois ans, et fixé à Saint-Pétersbourg. Les anciennes familles de Nuits sont celles des Robert, des Macheco (éteinte dans la localité), des Legouz, des Ocquidant, jadis *Ocquidem ;* des Jacquinot, des Graudné, des Loranchet, des Dargilly (éteinte), des Rouyer, dont on a fait Royer; des Pourcher (éteinte), des Vaudrey (éteinte dans la localité, mais existant toujours à Saulieu et ailleurs); des Moissenet, des Gillotte, des Janniard, des Morillot (éteinte), des Marey, une des plus récentes de toutes, mais non pas la moins honorable.

IV.

Il est question de la ville de Nuits dans le recueil intitulé : *Nouvelles Recherches sur la France* (Paris 1766, in-12, tome 2, pages 83—105), dans la *Bibliothèque historique de la France,* revue par Fevret de Fontette, et faite par le père Lelong (5 volumes in-folio, Paris MDCCLXXI); dans les ouvrages de Garreaux et de Courtépée. Je lui ai, moi-même, consacré plusieurs écrits dont cet opuscule est le résumé et l'amplification; enfin, M. H. Vienne s'en est occupé dans un ouvrage intitulé : *Essai historique sur la ville de Nuits,* qui est plutôt une bonne action qu'un bon livre, quoiqu'on puisse lui reprocher trop de tendance à l'adulation. M. Bernard Jacquinot continue ses recherches sur le même sujet, et promet, depuis dix ans, une histoire complète qui ne se produit pas.

La population actuelle de Nuits est loin de représenter le chiffre des 133 feux assujétis à la redevance de 15 sols, en MCCXII; toutefois elle n'a pas progressé, depuis l'empire, dans une proportion égale à celle des villes environnantes.

Cette cité est traversée par le chemin de fer de Paris à Lyon, par Dijon, qui y a une station, et par la route royale, N° 74, de Chalon-sur-Saône à Sarreguemines. Les chemins de grande communication, N° 3, de Seurre à Nuits, et N° 18, de Saint-Jean-de-Losne à Nuits, y aboutissent. Il est fâcheux que le projet de classement de celui de Nuits au Pont-de-Pany, par le vallon de la Serrée, ne se soit pas réalisé. Tôt ou tard il faudra bien que cette voie, si importante pour Nuits, soit ouverte à la circulation.

Nuits, que j'ai surnommée le Paris des villes de trois mille âmes, joue réellement, par ses goûts, son urbanité, son intelligence et sa civilisation, le rôle d'une grande cité ; et malgré le vieux dicton populaire de ses ennemis : *Ville sans renom, justice sans raison, rivière sans poissons, montagnes sans buissons, filles sans t.....,* elle n'en est pas moins célèbre par ses paysages et ses produits. Douée d'un esprit aussi fin que ses cuvées, elle n'a pas moins la truite dans son murmurant ruisseau, désormais contenu dans son lit, lorsque les ravins de la montagne lui donnent la voix des torrents ; les plus admirables sites sur ses collines, la grâce et les plus suaves profils dans sa jeunesse féminine. La race nuitonne est généralement belle, saine, robuste. Le maître Adam nuiton s'est chargé de répondre à ces sobriquets par des vers où il y a peu d'art mais beaucoup de verve, et dont je citerai quelques strophes :

Si quelquefois la justice
Se rend ici par caprice,

Comme s'y fait la police,
Je ne le conteste pas.
Mais la justice n'est qu'une ;
Quand parfois elle importune
Par ignorance ou rancune ,
Ça dépend des magistrats.   *(bis.)*

Partout ailleurs le proverbe
En a menti par le verbe ;
Monsieur le recteur en herbe (1),
Retenez cette leçon :
Que les cimes rocailleuses
De nos côtes raisineuses
Pour se montrer orgueilleuses
N'ont pas besoin de buisson.   *(bis.)*

Dans notre combe charmante ,
Le clair ruisseau qui serpente
Dans son onde transparente
Nourrit le roi des poissons.
La bouche la moins instruite
Sait fort bien que la truite
Vaut mieux que la carpe frite,
Les brochets et les saumons.   *(bis.)*

Magister ! ah ! prends bien garde
Et jamais ne te hasarde
A lever ta hallebarde
Sur notre vieil étendard.
Les Nuitons, couverts de gloire
Dans le temple de Mémoire ,
Sont consacrés par l'histoire
Et les chants de Joseph Bard.   *(bis.)*

Cette chanson inspira la réponse suivante ,
que je donne aussi par extraits :

Merci, barde populaire,
De ton poème vengeur ;

(1) S'adressait à un instituteur communal du canton de Nuits.

La verve du prolétaire
Est toujours celle du cœur.

. . . .

Chez le bourgeois ridicule
Qui se forge des aïeux,
Se donne la particule,
Grimace et s'enfle à tes yeux,
Ne cherche point pour ta muse
Les louanges qu'on lui doit;
Peu t'importe qu'il s'amuse
Quand nous chantons avec toi. *(bis.)*

En notre ville amoureuse,
Dont tu relèves le nom
Dans ta verve chaleureuse,
Jadis fleurit le surnom :
C'étaient . . . . . . *Prêt-à-boire*,
Et les . . . . surtout ;
Je trouve dans leur histoire
Gros-Boyau, Mimi, Tord-Cou. *(bis.)*

De ces sobriquets, l'audace
Du bon . . . . *Nono*
S'éleva jusqu'à la race
Des antiques . . . .
Sans que leur honneur en souffre
Et sans craindre le sergent,
Rappelons le *Petit-Bouffre*,
Le *Grand-Four* et *Chat-d'Argent.* *(bis.)*

Nuits est bien la patrie des dictons et légendes
populaires, des surnoms, des proverbes et des
sobriquets, et c'est comme peinture de mœurs que
j'ai cru devoir ici reproduire les couplets qu'on
vient de lire. Si je n'ai pas admis légèrement
l'insulte du *Casse-mie,* etc., faite au prince Ca-

simir, ce n'est pas que je ne la croie parfaitement dans l'esprit ancien du pays, mais c'est tout uniment à cause de l'inintelligence de notre langue populaire que je dois supposer à ce tudesque.

Nuits, je le répète, avec ses deux églises paroissiales, son beffroi planté au cœur de la cité, son nouvel hôtel-de-ville, somptueusement décoré, ses deux promenades publiques, sa demi-ceinture d'arbres plantés sur la chaussée qui borde la rivière, le long des anciens fossés militaires, aujourd'hui convertis en élégantes maisons ou en jardins, son charmant hospice, le luxe commode et le nombre de ses demeures bourgeoises; par la somptuosité de ses magasins, le jeu des rues qui la traversent, son urbanité, la civilisation de ses goûts et de ses mœurs, le langage, la façon de vivre de ses enfants: par toute son allure, enfin, offre exactement l'aspect d'une grande cité en repos. Comme Paris, elle a sa Chaussée-d'Antin dans le quartier qui entoure cette place ombragée dite de *Sully,* que les promeneurs nomment la *Bourse;* ses boulevards, ses rues marchandes, ses rues nobles, comme la rue Crébillon (jadis des Nobles), etc. — Les Nuitons sont logés comme des sénateurs. Je citerai parmi les belles habitations de Nuits, la maison Janniard, hors ligne, les maisons Marey-Gassendi, Ligeret-Kress, Félix Marey, Verguet, Gillotte, la plus somptueuse de toutes, au point de vue de la façade; Virely, Schindler, Roy, Moissenet-Meulien, Jacquinot, Noël, Duret, Royer, Lausseure; les mai-

sons Guichard, Jondot, de Bahèzre, de Reulle,
à cause de son type de manoir, et, dans le
canton, le château de La Berchère, qui rappelle
l'illustration des Legouz ; le château de Quincey,
bâti par les Cortois; la demeure de M. le comte
d'Archiac, à Argilly; celles de MM. Grangier, à
Vougeot; le comte Bélair et Trouvé, à Vosnes;
Viennot aîné, à Premeaux; le château historique
de M. Julien Ouvrard, à Gilly ; Cîteaux, qui res-
semble à une aile de Versailles; les châteaux de
La Chaume, de Cussigny, de Villars–Fontaine
et de Changey. N'oublions pas de dire qu'on remarque encore à Nuits quelques maisons du
XVIe siècle. Celle de M. Loichet, œuvre du XVIe,
est extrêmement remarquable par sa profilation.

Les souvenirs du Parlement, de la Chambre
des comptes, de la Table de marbre de Bourgogne sont encore bien plus vivants à Nuits qu'à
Beaune, Chalon-sur-Saône, Autun, Seurre, etc.
Nuits est si voisine de Dijon! elle est si bien assise au cœur de la province! elle est si profondé-
ment bourguignonne par l'âme, par les yeux et par
l'esprit! Aussi, l'ai-je pu dire en toute justice : c'est
à Nuits surtout que s'entendent les dernières pul-
sations du cœur bourguignon. C'est sans contre-
dit la ville la plus gracieuse, la plus jolie, la plus
propre, la mieux habitée, proportionnellement
à son étendue et à son importance, de tout le
département de la Côte-d'Or; celle où l'habitant
riche ou aisé a le plus d'air, d'espace, de lumière
dans sa demeure. Les éléments les plus saillants
du caractère nuiton sont la double verve du cœur

et de l'esprit, l'enthousiasme, l'horreur de la vul-
garité, la vivacité des réparties, l'amour des
plaisirs, de la musique, des arts, des fêtes, des
banquets; une raillerie spirituelle et maligne, qui
ne va jamais jusqu'à la médisance et au sarcasme,
mais presque habituelle; une rare exaltation d'i-
dées et de paroles, se conciliant à un grand fonds
de modération dans les actes. Les Nuitons ont
un tour d'esprit original et un caractère sagement
indépendant. Ils montrent, en général, une égale
haine pour le despotisme et pour l'anarchie. —
Le dire, c'est donner la mesure de leurs opinions
politiques qui pourraient être plus avancées,
sans les rapprocher de ce second ennemi qu'ils
redoutent. Il y avait naguère à Nuits une curieuse
galerie de types personnels; chaque jour elle
s'éclaircit : la mort des uns, la vieillesse des autres font brèche dans ses rangs. La jeune géné-
ration qui la remplace, beaucoup plus fortement
ment marquée du sceau des idées générales, tend
à se décolorer. La société de Nuits est célèbre
par son amabilité; mais c'est surtout dans le
dernier siècle, à l'époque où celle de Dijon se
distinguait comme la plus spirituelle, la plus
agréable qui fût certainement en province, celle
où l'on savait le mieux causer, celle qui compre-
nait le mieux tout ce qui tient à l'art, à la pen-
sée, à la mode, au bon goût, à l'atticisme du
langage, que la société de Nuits, qui était
comme l'émanation et le reflet de la société dijonnaise, mérita sa renommée. Frappée par la
révolution de 1790, la société nuitonne se releva

plus gracieuse, plus pimpante, plus éprise de fêtes que jamais. Mais, en ce moment, elle semble languir par suite d'une foule de causes qu'il n'entre pas dans notre sujet d'énumérer, et par la perte de l'homme qui la résumait le plus complètement, qui faisait, à lui seul, depuis quelque temps, les honneurs de la ville de Nuits, Adrien-Fortuné Janniard, mon digne et tant regrettable parent. — Le commerce des vins a amené à Nuits plusieurs familles allemandes qui y ont importé de barbares désinences, le goût effréné de la bière, la pipe en porcelaine, l'amour plus noble de la musique (1), mais qui naturellement ont influé sur la nationalité locale, qui l'ont un peu modifiée. Aussi bien que les deux chansons que j'ai citées, un fait vous en dira plus qu'un gros livre sur les mœurs nuitonnes. En 1836, pendant les fêtes de la Pentecôte et une de ces chaleurs telles que les éprouve la *chaude Bourgogne*, une petite et obscure maison de la rue des Fromages, aujourd'hui rue Fagon, est assaillie d'une pluie de pierres, venant on ne sait d'où, lancées on ne sait par quelles mains. Toute la population nuitonne est en émoi. Un auteur de la localité avait réveillé, quelques jours auparavant, les vieilles traditions de Nuits-Aval sur les fées, les enchanteurs et les sorciers ; il avait rappelé les faits surnaturels que l'imagination aventureuse, poétique de nos pères pla-

(1) La musique de la garde nationale de Nuits avait pris cette belle devise : *Liberté, Harmonie.*

çait sous la Roche-Boutoillon et au Château-Re-
naud, sur la montagne de Concœur, sur le pâ-
quier de Nuits, sous les *Trous-Légers* du Mont-
Saint-Pierre; peut-être évoqué l'ombre de Jeanne-
la-Bavarde et de Jeanne Moingeot (ou Moingeon)
Nuitonnes, déclarées *ramassères* et *érites*, qui,
après avoir été prêchées et mitrées à Nuits, furent condamnées, en 1470, par sentence de Jac-
ques Bouton, bailli de Dijon, la première à être
brûlée, la deuxième à être fustigée et bannie de
la ville, et qui tenaient leur *sabbat* sous la Roche-
Boutoillon...... — Il n'en fallut pas davantage
pour que la voix populaire accusât cet écrivain
de faire jeter ces pierres, pour donner plus d'autorité à ses nécromans et à ses sorciers, pour
faire croire à leur puissance, que dis-je, à leur
existence actuelle. De là, rassemblements, me-
naces, visite domiciliaire et enquête sans résul-
tats, arrivée du Procureur du Roi, etc... — Mais
on ne se borna pas à lancer des projectiles sur la
pauvre maison; deux incendies y éclatèrent.
Alors ce fut sur les voisins de cette demeure que
se reporta le flot populaire, et, pendant huit
jours, la ville de Nuits fut presque en pleine révolution. Il ne fallut rien moins qu'une sorte de
proclamation pour calmer la foule. Toute cette
affaire finit comme elle avait commencé, par un
mystère, dont la supposition d'un projet de
crime de la part de quelque vaurien qui se tenait
dans l'ombre peut seule donner la clef.

Un des traits les plus précieux et les plus saillants du naturel nuiton, c'est l'amour exalté du

pays. Nuits est pour les Nuitons le centre du monde, et je ne saurais trop les féliciter de ce patriotisme local que je partage si pleinement avec eux. Ce juste sentiment d'orgueil national s'est étendu à tout le canton : il n'est pas un village et un habitant qui ne soient fiers d'appartenir au canton de Nuits. Cette circonscription territoriale offre un esprit public, une cohésion, une unité morale qu'on ne trouve dans aucun autre. Il est aussi fier que la métropole, des premiers vins du monde qu'il recueille. L'esprit communal, l'esprit de fraternité, de concorde, de charité, de sociabilité est développé ici plus qu'en aucune ville de la Côte-d'Or ; la garde-malade mercenaire, par exemple, y est inconnue : les familles nuitonnes ont la louable habitude de se soutenir, de s'entr'aider dans leurs douleurs.

J'ai pu beaucoup comparer, par suite de mes longues et fréquentes stations au milieu de tant de nationalités ; j'avoue que nulle part je n'ai trouvé une classe ouvrière généralement aussi polie, aussi habile, aussi intelligente que celle de Nuits. Les ouvriers nuitons sont presque tous des hommes de goût, des artistes, doués de l'esprit le plus inventif. La fabrication des tonneaux, des pressoirs n'a-t-elle pas, à Nuits, fait des progrès extraordinaires ? Le mécanicien et fumiste Lorillard n'est-il pas l'inventeur d'une foule de machines utiles très-ingénieuses ? — Et puis, Nuits n'est-il pas le berceau de l'industrie du vin mousseux bourguignon ? — Depuis que la bourgeoisie française a pris l'habitude, à Nuits comme ailleurs, de se farder, de grimacer sans cesse, de suppléer par les vaniteuses prétentions affichées aux précédents nobiliaires qui lui manquent, c'est dans le peuple et dans le peuple seul qu'on retrouve les éléments et les types des nationalités. C'est donc par quelques exceptions prises dans les classes élevées de la société et par le peuple surtout qu'il faut juger la population nuitonne. Le peuple est loyal, généreux partout, mais plus loyal, plus généreux et surtout plus intelligent à Nuits qu'ailleurs. Il se distingue plus qu'aucun peuple par le silence de ses rancunes, la modération de ses actes, la politesse de ses mœurs, la convenance de son langage. — Tout cela a réagi sur la population rurale des alentours de Nuits. — Il y a toutefois dans les mœurs nuitonnes une tendance trop prononcée à l'imitation dijonnaise; — il faut rester soi, toujours soi. De Dijon, par exemple, émane une affectation blâmable dans la prononciation. Ainsi, on dit *chateau,* au lieu de château, sans tenir compte de l'accent circonflexe, et, par compensation, on prononce *cádre,* au lieu de cadre, en plaçant cet accent là où il n'est pas. Ce sont des fautes de français, tout uniquement et essentiellement dijonnaises qu'elles sont.

Nuits a maintenant quatre foires : la plus célèbre de toutes est celle dite de Saint-Denis, qui descendit de Vergy avec la collégiale. Cette ville est aussi le siège d'un marché hebdomadaire pour les grains, qui se tient le lundi.

L'instruction primaire est ancienne à Nuits. Il en existe des traces dès l'année 1408. A présent, elle est largement répartie aux enfants du peuple nuiton : 1° par une école primaire communale, dont le chef est pourvu d'un diplôme du degré supérieur, établie en 1838 ; 2° par une autre école, confiée aux frères de la Doctrine chrétienne, fondée en 1843 par des particuliers ; 3° par celle des sœurs de Saint-Vincent-de-Paul, dont la maison doit son origine aux libéralités de feue Mme Gassendi, veuve du général de ce nom, comme l'indique cet écriteau placé au-dessus de la porte :

MAISON · DE · CHARITE

FONDEE · PAR · MADAME · GASSENDI

EXECVTEE · PAR · SES · ENFANTS

EN · L‾ANNEE · M̅ · D̅C̅C̅C̅ · X̅X̅I̅X̅

enfin, par trois ou quatre institutrices privées dont l'une reçoit annuellement, à titre d'encouragement, une subvention prélevée sur le budget de la ville.

Il ne manque à la ville de Nuits, pour qu'elle soit complète à tous les points de vue, qu'un éclairage public, qu'une bibliothèque communale, et un petit collège communal à l'absence duquel supplée toutefois une bonne institution particulière. Du reste, ce progrès moral et matériel est tout-à-fait dans l'esprit du conseil municipal et du citoyen éclairé qui le préside. M. le docteur Duret, membre de la Légion-d'Honneur et du Conseil général de la Côte-d'Or, maire de Nuits, se préoccupe coustamment des embellissements réalisables dans sa ville natale, des moyens d'augmenter ses ressources intellectuelles et son bien-être, sa prospérité tout entière, de réveiller sa vieille histoire et de créer de belles pages à celle qu'on écrira un jour. C'est à lui, secondé par le Conseil municipal, qu'est due l'idée d'avoir acheté pour la ville, la belle maison où on a réuni la justice de paix, la mairie, l'école communale, et où l'on vient de commencer la formation d'un intéressant petit musée numismatique et d'histoire naturelle. Gillotte-Gros, Thomas Forey et le docteur Duret seront toujours considérés comme les hommes les plus capables qui aient été placés à la tête des intérêts communaux de la ville de Nuits. Je l'ai déjà dit, des projets de percements de rues, de construction d'une nouvelle halle, achèveront de faire de cette charmante cité une des plus agréables du royaume.

J'ai fait remarquer dans un autre ouvrage le caractère particulier des églises du canton de Nuits, et demandé quels poétiques enfants de l'Hellénie vinrent jadis déplier leurs tentes sur ce radieux et sacré territoire. Je ne puis mettre en doute qu'une colonie de Grecs vint bâtir toutes ces apsides, tous ces clochers à la robe d'or, si suaves dans leurs profils, si limpides et si châtiés, si harmonieux dans leur forme, ou que la grande inspiration de Cîteaux les fit naître, ou bien encore que les rayons seuls du soleil de notre Bourgogne les firent éclore à l'horizon. Si ce sont des Grecs qui ont importé parmi nous ces manifestations du beau par l'art, que n'ont-ils semé quelques noms grecs sur cette terre choisie, sur cette plaine qu'ils aimaient, comme le firent les Phocéens dans les environs d'Arles et de Marseille, à Géménos, etc.? — Ce qu'il y a de certain, c'est que l'architecture byzantine règne d'une manière absolue dans le canton de Nuits. Les églises de Saint-Symphorien de Nuits, de Marey, du Mont-Saint-Victor, à Villers-la-Faye, de Boncourt-le-Bois, Concœur, Prissey, Gerland, Agencourt, Argilly, Corgoloin, Villy-le-Moutier, Quincey, Prissey, Echevronne même, appartiennent en tout ou en partie à cette école. Elle est sinon en corps, du moins en esprit dans l'église restaurée de Premeaux, ce pays des belles eaux, du bon vin et des beaux marbres ; l'église détruite de Meuilley, remplacée par un monument bizarre, se rattachait à la même ère, et le chœur respecté comme un vieux sanctuaire romain d'Arcenant était encore de ce temps. La nef de ce dernier temple, remplacée par un édifice qui fait le plus grand honneur à M. Sirodot et se raccorde si bien avec la partie conservée, l'église rebâtie de Chaux, enfin, se composaient des mêmes éléments. Le clocher rebâti de Magny était fils de la même ère architectonique. Toutefois le type des églises montagnardes des environs de Nuits est sensiblement plus grossier et plus rude que celui des temples ruraux de la plaine. Toutes les églises grecques dont j'ai parlé se trouvent dans le plat pays.

La flore du canton de Nuits, riche en plantes

arômatiques, explorée et dressée par MM. Lo-
ret et Duret, est aussi élégante que l'architecture de ses églises. Partagé en deux zônes, la
zône des montagnes et celle de la plaine, il doit
offrir dans sa végétation les mêmes différences
que dans sa topographie et son architecture re-
ligieuse. Plusieurs usines mêlent dans la fabuleuse vallée de Nuits leur mouvement aux grands
effets naturels et agricoles du paysage. Cette vallée, soit qu'on la suive jusqu'à Arcenant, où elle
se termine dans un paysage druidique, à la source
embaumée du Raccordon, soit qu'ou la visite
dans son point de bifurcation vers ce mont de
Vergy, élevé comme un autel militaire au milieu
d'un camp, par Villars-Fontaine; cette vallée n'a
pas les majestés et les splendeurs de celle de San-
tenay; mais elle n'en est ni moins enchantée, ni
moins poétique. — L'hortolage et l'eau de Nuits
sont excellents, et les fruits de ses vergers et de
ses coteaux sont d'une saveur exquise. Les points
les mieux choisis au milieu de cette nature civi-
lisée et joyeuse qui, cultivée partout, n'a rien
d'agreste et de sauvage, même dans ses montagnes les plus accidentées; les points les mieux
choisis pour embrasser la ville de Nuits et les
horizons qui l'encadrent, sont le chemin de
Quincey ou celui d'Agencourt, et le grisonnnant
et tortueux sentier serpentant au milieu des rocailles, sur le mont de Concœur, connu sous le
nom populaire de grépissot (de l'italien *greppo*
qui veut dire colline) : du premier point on voit
tout le développement de la gentille cité du nord

au midi, on voit surgir les toits étincelants les tuiles noires vernissées, l'élégante petite coupole élancée et transparente de l'hôpital (1), et l'autre petite coupole un peu moins svelte du beffroi; mais on n'aperçoit pas l'austère clocher de Saint-Symphorien. De l'autre, le panorama est magnifique et complet. Les trois clochers de Nuits se dessinent de la manière la plus précise : toute la basilique de Saint-Symphorien est à découvert; l'œil ne demande plus à cet aspect qu'un seul monument détruit, c'est le clocher de Saint-Denis, comme l'oreille ne demande plus aux échos du Nuiton, que les mélodieux chants de ses cloches.

La tonnellerie et la teinture jouent un rôle important dans l'industrie nuitonne.

Parmi toutes les villes de la Côte-d'Or, Nuits est sans doute la plus salubre, la plus douce et la plus privilégiée par le sol et par le ciel. Paix et prospérité à ce vieux centre de mes affections!

---

(1) Autrefois ses ouvertures étaient garnies de stores peints en gris-blanc qui produisaient un assez joli effet. A l'époque où l'on plaça une horloge dans ce clocher, on détruisit ces stores pour qu'elle fût mieux entendue.

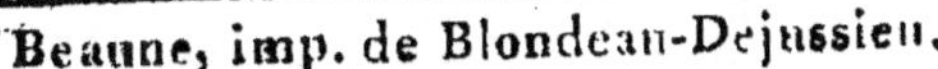

Beaune, imp. de Blondeau-Dejussieu.